우리가 모르는 사이에 지구는

교육과실천

교과서와 연계하여 활용해 보세요!

교과서 연계 단원

통합 1-2 단원명 : 약속   **통합 2-1** 단원명 : 자연

배움약속(성취기준)

1-1 우리의 생활 습관이 지구 환경과 관계가 있음을 이해한다.

1-2 생활에서 환경 보호를 위해 할 수 있는 행동을 알고 실천한다.

기후·생태를 살리는 생태전환교과서 ①
초등 저학년 (1~2학년)

우리가 모르는 사이에 지구는

초판 1쇄 발행 2026년 3월 13일

지은이	이윤미, 김순미, 박미영, 조현정, 하늘빛, 곽정숙, 노현주, 신혜영, 우치성, 임하람		
그린이	박근형, 박미경	**감수**	이정현
발행인	최윤서	**편집**	정지현
디자인	최수정		

펴낸 곳	(주)교육과실천	**인쇄**	031-945-6554 두성 P&L
등록	2020년 2월 3일 제2020-000024호	**일원화 구입처**	031-407-6368 (주)태양서적
주소	서울특별시 중구 창경궁로 18-1 동림비즈센터 505호	**저자 강의·도서 구입**	02-2264-7775
ISBN	979-11-995303-4-8(63370)		

정가 9,500원

차 례

승리의 하루를 따라가며
우리가 모르는 사이에 우리의 행동이
지구환경에 미치는 영향을 알아보아요.
또한 우리의 작은 행동으로
소중한 지구를 지킬 수 있는 방법도 알아보아요.

주인공

하승리

멋진 새 옷,
맛있는 간식,
재미있는 장난감을
좋아하는 학생

오빠

승리의 오빠.
승리와 말다툼을
자주 하지만
평소에는 사이 좋은 편

엄마

알뜰하지만 가끔
승리와 오빠에게
비싼 선물을 사 주는
통 큰 엄마

아빠

승리네 집 설거지는
아빠 담당!
승리와 오빠에게
항상 다정한 아빠

🔍 이런 내용을 공부해요!

우리가 모르는 사이에 지구는

7. 지구를 지키는 우리

- 우리 반의 다짐나무를 만들어요
- 캠페인 활동을 해요
- 지구야 고마워

6. 교실에서 아무도 모르게

- 새 종이를 버리면 동물들은 집을 잃어요
- 종이 사용을 줄여요

5. 옷가게에서 아무도 모르게

- 따뜻한 점퍼를 입을 때 오리는 고통을 느껴요
- 동물을 괴롭히지 않는 옷차림을 생각해요

4. 장난감가게에서 아무도 모르게

- 작은 블록들이 모여 플라스틱섬을 만들었다고요

단원열기

- 나는 누구일까요?

1. 편의점에서 아무도 모르게

- 일회용품으로 지구가 몸살을 앓고 있어요
- 일회용품 대신 무엇을 사용하면 좋을까요?
- 쓰레기의 멋진 변신, 재활용
- 분리배출을 해 봐요

2. 화장실에서 아무도 모르게

- 세제는 강과 바다를 더럽혀요
- 친환경 세제는 물을 덜 오염시켜요

3. 거실에서 아무도 모르게

- 에어컨은 북극곰의 집을 빼앗아요
- 북극곰의 집을 지켜주는 부채 만들기

하루의 시작

우리가 먹고 쓰고 버리는 모든 것은 지구와 연결되어 있어요.

우리의 행동은 지구를 조금씩 망가뜨리기도 하고 조금씩 살리기도 해요.

우리가 하는 행동은 지구를 어떻게 변화시킬까요?
지구를 살리기 위해 우리는 어떤 실천을 해야 할까요?

승리의 하루를 따라가 봅시다.
지구를 살리는 방법을 배울 수 있을 거예요.

승리는 편의점에 간식을 사러 갔어요.
초콜릿, 과자, 음료를 샀지요.

일회용 봉투에 간식을 잔뜩 담으니 신이 났어요.

그런데 우리가 버린 일회용 봉투와 쓰레기들은 어디로 가는 걸까요?

일회용품으로 지구가 몸살을 앓고 있어요!

한 번 쓰고 버리는 물건을 **일회용품** 이라고 해요. 우리가 사용하는 일회용품에는 어떤 것들이 있을까요?

종이컵

비닐봉지

나무 젓가락

일회용 접시

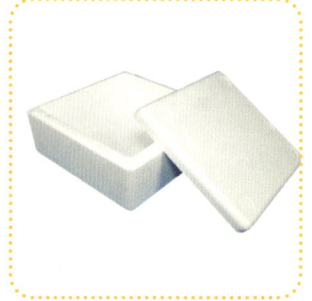

스티로폼 상자

일회용 마스크

비닐봉지 하나가

미란다 폴 글, 엘리자베스 주논 그림, 엄혜숙 옮김
길벗어린이

쉽게 사용하고 버리는 비닐봉지로 지갑을
만들어 판 아이사루의 이야기예요.

일회용품 대신 무엇을 사용하면 좋을까요?

부록 51쪽 활용

✏️ 일회용품 대신에 무엇을 사용하면 좋을지 생각해 보고 그림 자료를 오려 붙여봅시다. (준비물 : 풀, 가위)

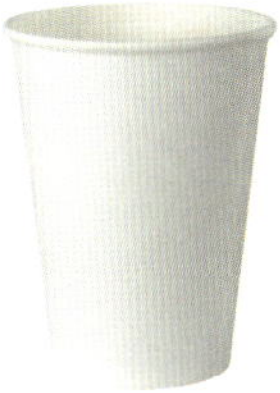 ☕ →	
 🍽️ ／ →	
 🛍️ →	
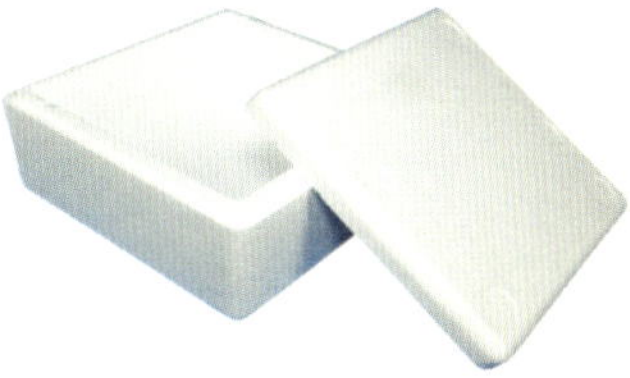 📦 →	
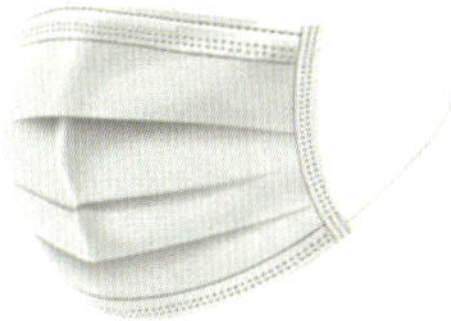 😷 →	

쓰레기의 멋진 변신, 재활용!

쓰레기를 다시 쓸 수 있게 바꾸는 것을 **재활용**이라고 해요.
쓰레기를 재활용하려면 종류대로 **분리배출**해야해요.

📝 아래의 글씨를 따라쓰며 분리배출 방법을 익혀봐요.

🌸 분리배출을 위한 약속

1. 안에 있는 내용물을 깨끗이 비워요.

잘 비우기	잘 비우기

2. 용기에 붙임 딱지나 라벨이 붙어있으면 떼어내요.

떼어내기	떼어내기

3. 안에 있는 내용물을 물로 씻어내야 해요.

잘 헹구기	잘 헹구기

4. 종류별로 수거함에 잘 분리해요.

분리하기	분리하기

분리배출을 해 봐요!

 부록 53쪽 활용

✏️ 그림 자료를 오려 붙이면서 분리배출을 해 봅시다. (준비물 : 풀, 가위)

😊 **분리배출을 바르게 해보아요.**

종이

플라스틱

캔

유리

승리는 외출하고 오면 몸을 깨끗이 씻어요.
거품을 내서 몸을 씻으면 개운해져요.

아빠를 도와 뽀득뽀득 설거지도 하고
엄마와 함께 빨래도 널었어요.

우리가 사용한 샴푸와 세제들은 어디로 흘러갈까요?

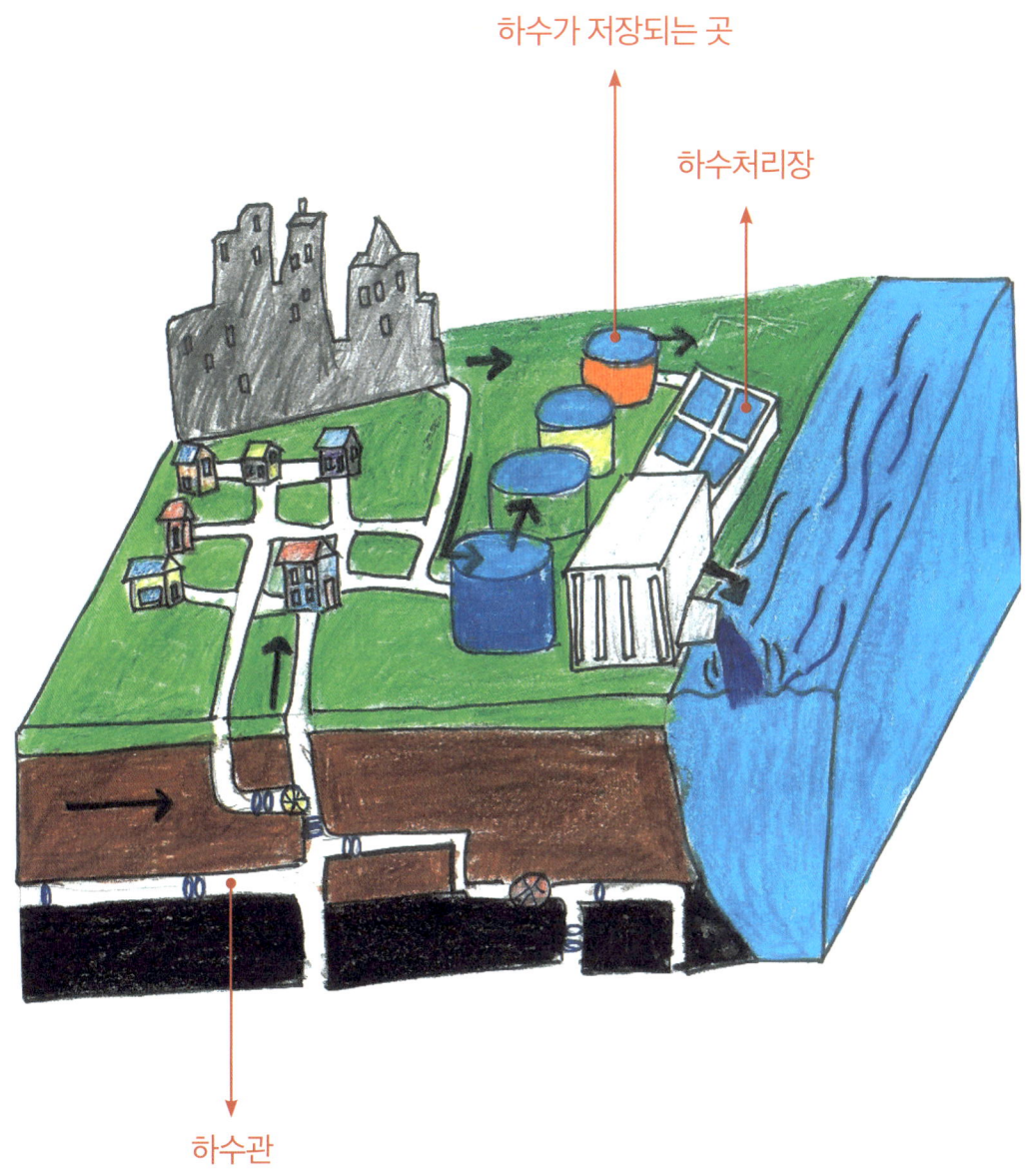

하수가 저장되는 곳

하수처리장

하수관

집에서 사용한 물은 강이나 바다를 오염시켜요. 하수처리장은 우리가 사용한 물을 깨끗하게 걸러주는 역할을 해요. 그러나 걸러야 할 오염된 물이 너무 많아요.

세제는 강과 바다를 더럽혀요!

우리는 일상생활에서 몸이나 옷, 그릇 등을 깨끗하게 하기 위해 샴푸, 세탁세제, 주방세제 등 다양한 세제를 사용해요.
그러나 세제는 물을 오염시키고 우리 몸에 나쁜 것도 들어있어요.

✏️ 물 오염을 줄이는 방법을 찾아 선으로 연결해봅시다.

　　　　　　　　●　　　　　　　　●　빨래는 한번에 모아서 해요.

　　　　　　　　●　　　　　　　　●　주방 세제는 적당히 사용해요.

　　　　　　　　●　　　　　　　　●　먹을 만큼 덜어 먹고
　　　　　　　　　　　　　　　　　　음식을 남기지 않아요.

　　　　　　　　●　　　　　　　　●　샴푸를 조금만 사용해요.

친환경 세제는 물을 덜 오염시켜요!

✏️ 강과 바다를 덜 오염시키는 또 하나의 방법! 환경에 덜 해로운 친환경 세제를 알아봅시다.

(1) 직접 만들어요

소프넛은 미지근한 물에 담그거나 물에 넣고 끓이면 천연 세제가 되는 신기한 열매예요.

천연비누를
직접 만들어 보는
것도 좋아요.

(2) 구입해서 사용해요

환경을 덜 오염시키는 세제를 친환경 세제라고 해요. 인터넷에서 친환경 세제를 검색해 봅시다. 여러분은 어떤 제품을 사용하고 싶나요?

오늘 하루도 정말 신나게 놀았어요.
승리는 집에 오자마자 바로 에어컨을 켰어요.
시원한 바람을 맞으며 책상에 앉아 컴퓨터 게임을 했지요.

게임을 하던 승리는 모든 전자제품을 켜놓은 채
스르르 잠이 들었어요.

우리가 무심코 사용하는 전기는 석유나 석탄 같은 연료를 태워서 만들어요.
연료를 태우면 지구의 온도가 올라가요.
그러면 추운 곳에 사는 북극곰과 펭귄들은 어떻게 될까요?

우리가 살아갈
얼음땅이 녹아서
점점 좁아지고 있어.

지구가
더워지면서 우리 먹이가
줄어들고 있어.

엄마,
배고파요...

✏️ 빙하가 녹아 집을 잃은 북극곰과 펭귄은 어떻게 될지 친구와 이야기를 나누어 보고 내 생각을 적어 보세요.

집을 잃은 나와 친구들은 어떻게 될까?

에어컨은 북극곰의 집을 빼앗아요!

석탄, 석유 등을 사용할 때 나오는 온실 가스 때문에 지구의 온도가 계속 높아져요.

온도가 계속 높아지면 어떻게 될까요?

얼음이 녹아 집을 잃어버린 북극곰

바닥이 갈라지며 사막처럼 변한 땅

✏️ 지구의 온도가 계속 올라가는 것을 막으려면 어떻게 해야 할까요?

♡ 석탄, 석유 같은 화석 연료의 사용을 줄여요.

♡ ㅈㄱ 를 아껴서 사용해요.

♡ 여름에 ㅇㅇㅋ 사용을 줄여요.

♡ ㄴㅁ 를 심고, 숲을 가꾸어요.

[정답은 27쪽에]

북극곰의 집을 지켜주는 부채 만들기

더운 여름에는 부채를 사용하면 북극곰의 집을 지켜줄 수 있어요.

부채에 그리고 싶은
모양을 생각해요.

색연필과 사인펜을 이용하여
아름답게 부채를 꾸며요.

만든 부채를
자주 사용해요.

[26쪽 정답 : 차가, 에어컨, 난방]

4 장난감가게에서 아무도 모르게

오늘은 부모님께서 생일선물로 장난감을 사 주신대요.

승리는 마법의 집을 만드는 블록 장난감을 골랐어요.
이미 블록 장난감이 많지만 오늘은 특별한 날이니까요.
집에 돌아와서 싫증난 장난감들은 모두 버렸어요.

그런데 잠깐!

우리가 버린 플라스틱 블록들은 어디로 갈까요?

우리가 버린 블록이 우리나라보다 큰 태평양 쓰레기섬이 되었대요.

말도 안돼요. 쓰레기가 어떻게 거기까지 갈 수 있겠어요? 거짓말이죠?

태평양 쓰레기섬에 한국 쓰레기가?

> 뉴스를 보고 깜짝 놀랐어. 바다 위를 둥둥 떠다니는 쓰레기 섬에 어떻게 한국 쓰레기가 들어갈 수 있었을까?

✏️ 영상을 본 느낌을 적어보세요.

https://youtu.be/NY_y-VenLhs

출처 : KBS 뉴스(2019. 2. 25.)

작은 블록들이 모여 플라스틱섬을 만들었다고요?

블록을 가지고 놀 때는 재미있지만 버리면 플라스틱 쓰레기가 된답니다.
우리가 버리는 플라스틱 쓰레기의 양은 엄청나게 많아요.

플라스틱 쓰레기들이
바다에 모여
큰 쓰레기섬이 되었어요.

출처: 더 오션 클린업

태평양 플라스틱 섬은 우리나라의 7배, 프랑스의 3배나 되는 크기예요. 시간이 지나
잘게 부서진 플라스틱을 물고기가 먹기도 해요. 그러면 물고기를 먹는 사람 몸에도
플라스틱이 쌓여요.

출처: 그린피스

출처: FRIENDS OF HORSEY SEALS

바다 동물들은 우리가 버린 쓰레기들 때문에 많은 고통을 받고 있어요.

고통받는 바다 동물들을 위해 우리는 무엇을 해야 할까요?

✏️ 생활에서 플라스틱 쓰레기를 줄일 수 있는 방법을 생각하고, 친구들 앞에서 이야기해 봅시다.

할머니의 용궁 여행
권민조 글·그림, 천개의 바람

할머니의 바닷 속 여행 이야기를 통해 바다생물들의 아픔을 알아보아요.

플라스틱 섬
이명애 글·그림, 상출판사

플라스틱섬이 만들어지는 이야기를 바다새의 눈으로 바라보아요.

5 옷가게에서 아무도 모르게

백화점에서 새 옷을 입어봤어요.
여름이라서 겨울 옷을 싸게 판대요.

이런 기회를 놓칠 수 없죠. 승리는 따뜻한 오리털 점퍼를 골랐어요.

사람들이 따뜻한 오리털 점퍼를 만드는 동안 오리들은 어떤 일을 겪었을까요?

따뜻한 점퍼를 입을 때 오리는 고통을 느껴요!

추운 겨울에 우리가 입는 오리털 점퍼는 쉽게 만들어지지 않아요.

너희들이 따뜻하게 입는
점퍼 속에 들어있는 털이
어디서 왔을까?
나와 친구들의 몸에 붙어있던
솜털이야.

사람들은 따뜻하고 가벼운 오리 털을 얻기 위해서 오리를 꽉 잡아 가슴의 털을 뽑는대요. 많이 고통스럽겠죠?
오리들을 위해 우리는 어떻게 해야 할까요?
요즘은 오리털이 아니더라도 겨울을 따뜻하게 보낼 수 있도록 도와주는 옷이 많아요.
그런 옷들을 찾아 입으면 어떨까요?

동물을 괴롭히지 않는 옷차림을 생각해요!

어떤 옷차림을 해야 동물을 괴롭히지 않으면서 따뜻한 겨울을 날 수 있을까요?
승리에게 동물을 괴롭히지 않는 착한 겨울 옷을 그려서 입혀주세요.

양털을 깎지않고
모아서 만든 목도리

동물의 가죽 대신
털실로 짜서 만든 장갑

오리털 대신
솜으로 속을 채운 점퍼

동물의 가죽대신
인공 가죽으로 만든 부츠

6 교실에서 아무도 모르게

오늘은 대청소를 하는 날!
사물함에 있는 짐을 정리하고 있어요.
아직 다 쓰지 못한 연습장이 남아있네요.

아깝긴 하지만 집으로 가져가긴 너무 무거워요.
승리는 망설이다가 다 쓰지 않은 공책을 분리배출함에 넣었어요.

종이를 만들기 위해 나무를 계속 베면 동물들은 어떻게 될까요?

새 종이를 버리면 동물들은 집을 잃어요!

우리는 학교와 집에서 많은 종이를 사용해요.
종이는 무엇으로 만들어질까요?

베어진 나무들

© Bjorn Vaugn / BOSF / Greenpeace

GREENPEACE

집을 잃은 오랑우탄
(출처 : 그린피스)

종이는 나무를 아주 작게 잘라서 만들어져요.
나무가 사라지면 숲에 살던 많은 동물들이 집을 잃어요.

실천해요

친구들과 함께 종이를 아끼기 위한 다짐을 쓰고 실천해 봅시다.

🖍 예) 공책과 스케치북을 끝까지 사용해요.

✏️ 집을 잃은 오랑우탄에게 숲을 그려주세요.

종이 사용을 줄여요!

가족이나 친구들
앞에서 종이를
아껴써야 하는 이유를
설명해주세요.

종이 사용을
줄이자는 캠페인
포스터를 만들어
교실이나 복도에
전시하세요.

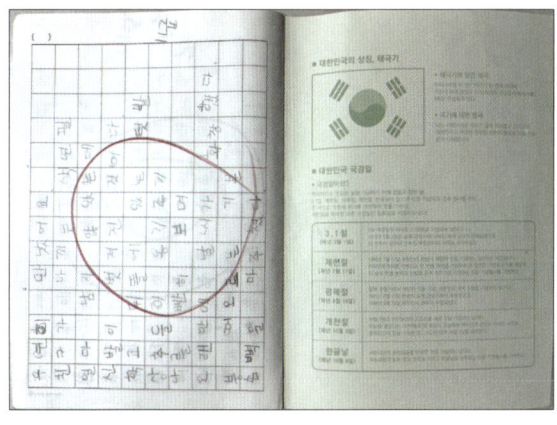

다 쓴 공책은
사진을 찍어서
학급 누리집에
올려주세요.

7 지구를 지키는 우리

승리의 하루는 우리 모두의 하루이기도 해요.
우리의 작은 행동이 지구를 망가뜨리기도 하고,
지구를 구할 수도 있다는 사실을 이제 알게 되었죠?

우리 반의 다짐나무를 만들어요!

우리는 앞으로 지구를 어떻게 지킬 수 있을까요?
우리 반의 환경 다짐나무를 만들고 실천해 봅시다.

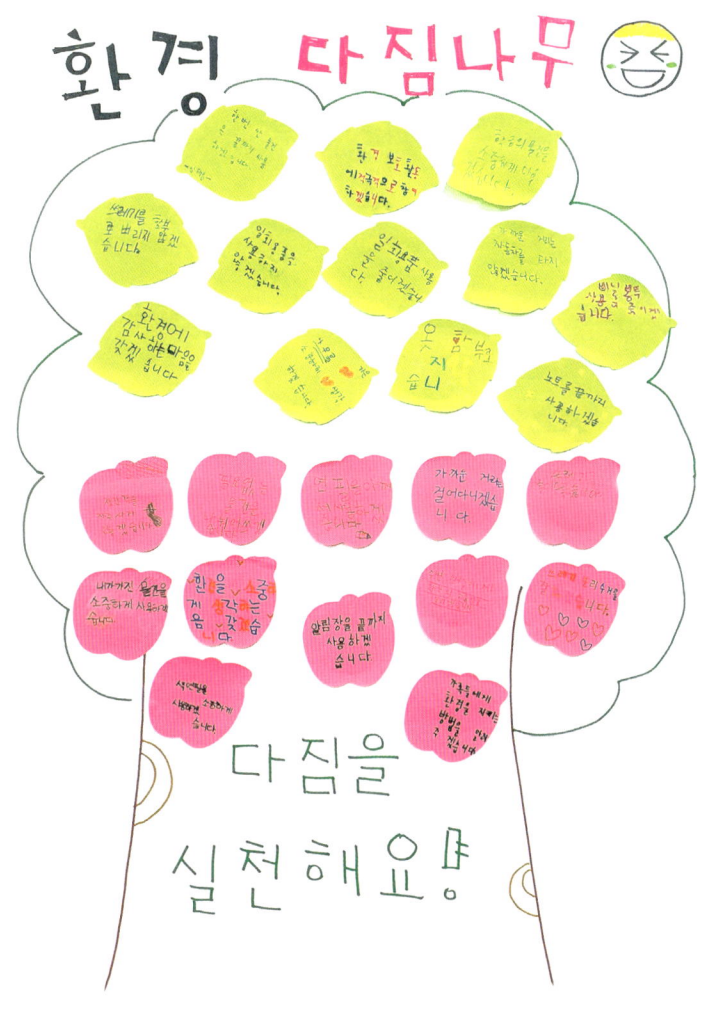

나의 약속	

캠페인 활동을 해요!

주변 사람들에게 지구 살리기 활동을 제안해요.

작은 실천이 모여 지구를 더욱 깨끗하고 살기 좋은 곳으로 만들어요.

피켓이나 포스터를 만들어 붙이거나 지구 살리기를 제안하는 편지를 써요.

지구야 고마워!

1부터 35까지 숫자를 이어 선으로 그려 지구를 완성해 봅시다.

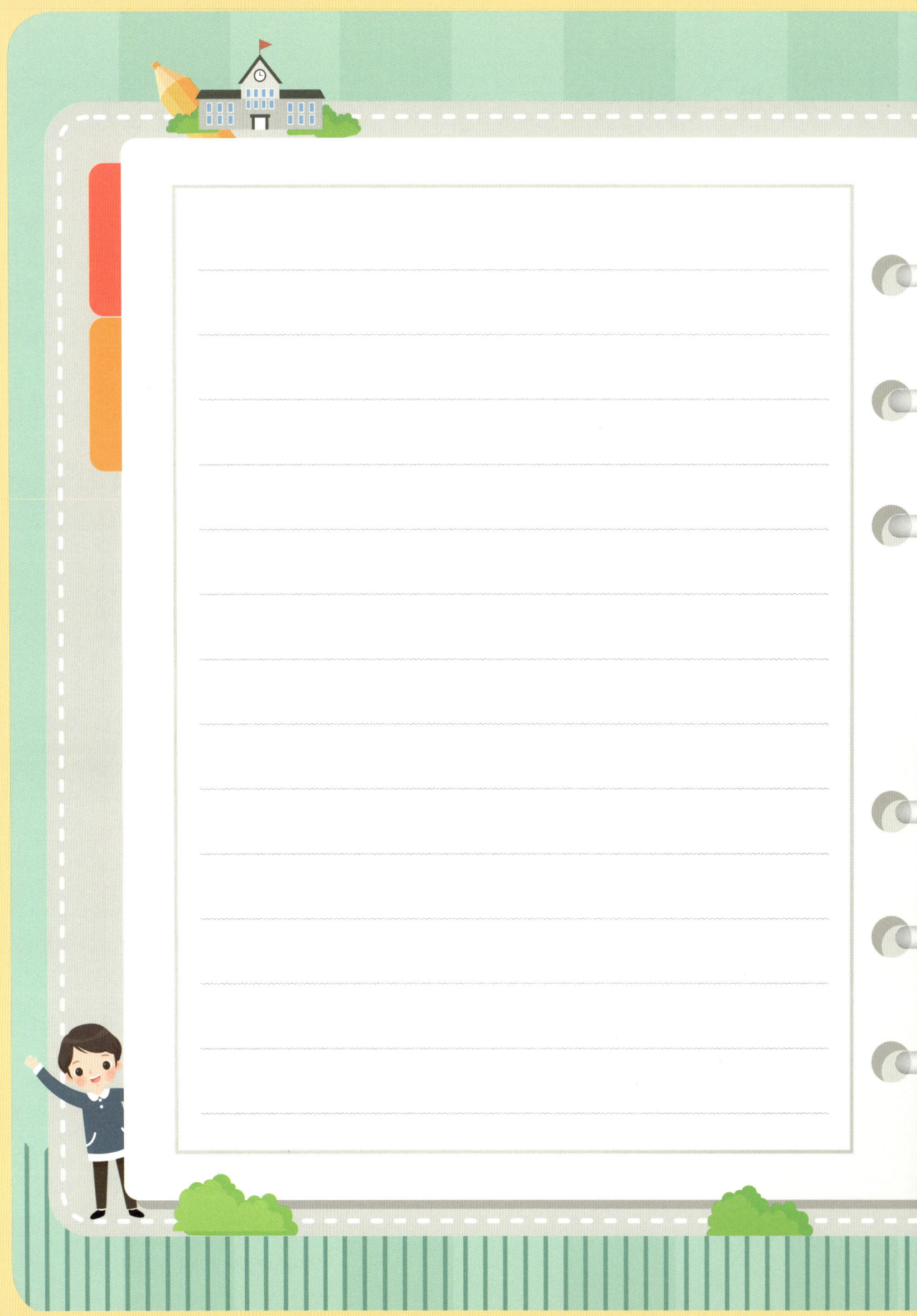

그림 자료

13쪽: 일회용품 대신 무엇을 사용하면 좋을까요?

머그컵

휴대용 접시

에코백

장바구니

휴대용 숟가락, 젓가락

텀블러

아이스박스

천마스크

 15쪽: 분리배출을 해 봐요!

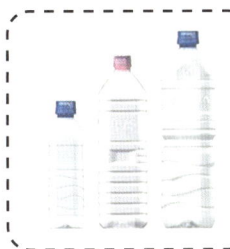   

우리가 모르는 사이에 지구는 **53**

저자소개

- **이윤미** 전주용소초 교사
  - 2007,2009,2015,2022개정 1-2학년 통합교과 국정교과서 집필
  - 전라북도 4학년 지역교과서 『함께 사는 전라북도』 집필
  - 전라북도 경제 지역화교재 『함께 행복한 경제』 집필
  - 우리, 학교교과서 만들자』, 『주제통합수업, 아이들을 수업의 주인공으로!』 외 다수 집필

- **김순미** 이리초 교사
  - 2022개정 3-6학년 과학과 검정교과서 집필
  - 2009, 2015개정 3-6학년 과학과 국정교과서 집필
  - 2009, 2015개정 3-6학년 과학과 디지털 교과서 및 평가문항 개발
  - 『생각이 열리는 교과서 토론: 환경』, 『솔루토이 과학: 섞여 있는 혼합물』 외 다수 집필

- **박미영** 전주초포초 교사
  - 2015,2022개정 1-2학년 통합교과 국정교과서 집필
  - 전라북도 4학년 지역교과서 『함께 사는 전라북도』 집필
  - 전라북도 경제 지역화교재 『함께 행복한 경제』 집필
  - 『역사 수업을 부탁해』 저자

- **조현정** 이리초 교사
  - 2009, 2015, 2022개정 1-2학년 통합교과 국정교과서 집필
  - 전라북도 4학년 지역화 교재 『함께 사는 전라북도』 집필
  - 전라북도 경제 지역화 교재 『함께 행복한 경제』 집필
  - 『역사 수업을 부탁해』, 『꼬마 시민을 기르는 통합교육과정』 저자

- **하늘빛** 군산미장초 교사
  - 2015,2022개정 1-2학년 통합교과 국정교과서 집필
  - 2015개정 천재교육 3-6학년 사회교과서 집필
  - 2015, 2022개정 1~2학년 통합교과 국정교과서 집필진
  - 전라북도 4학년 지역교과서 『함께 사는 전라북도』 집필
  - 전라북도 경제 지역화교재 『함께 행복한 경제』 집필

- **곽정숙** 미륵초 교사
  - 2022 개정 1-2학년 통합교과 국정교과서 집필
  - 전라북도 경제 지역화교재 『함께 행복한 경제』 집필
  - 『역사 수업을 부탁해』 저자
  - 교육과정 관련 연수 강의

● **노현주** 전주풍남초 교사
- 전라북도 4학년 지역교과서 『함께 사는 전라북도』 집필
- 전라북도 경제 지역화교재 『함께 행복한 경제』 집필
- 『주제통합수업, 아이들을 수업의 주인공으로!』, 『역사 수업을 부탁해』 집필
- 이리동산초등학교 학교교과서 개발

● **신혜영** 전주용소초 교사
- 『주제통합수업, 아이들을 수업의 주인공으로!』 집필
- 이리동산초등학교 학교교과서 개발

● **우치성** 완주운주초 교사
- 범교과 동아리 '타이내놀' 대표교사
- 2022 개정교육과정 4권역 핵심교원
- 완주교육지원청 초등 수업나눔 공동체 사회정서분과 대표교사
- 교실혁명(사회정서) 선도교사

● **임하람** 이리송학초 교사
- 『꼬물꼬물 거꾸로 역사수업』 저자
- 전북교사교육과정 연구회 활동
- 이리동산초등학교 학교교과서 개발

그린이

● **박근형** 전라북도교육청 주무관
- 2017 디지털만화규장각 신인만화평론 가작
- 2021 제4회 혼불의 메아리 공모전 대상
- 2024 대한민국만화평론공모전 최우수상
- 2025 하반기 전북일보 청춘예찬 및 만화비평지 <지금, 만화>, 한국만화영상진흥원 만화규장각 웹진 필진 참여

● **박미경** 프리랜서 작가
- 2018 경기도 히든작가 <도로시는 노랑> 수상

감 수

● **이정현** 전북환경운동연합
- 전북환경운동연합 상임대표
- 전라북도 인권위원
- 전)전북환경교육네트워크 운영위원장